AF348238

DEUX LUXES

DES HOMMES & DES FEMMES

LUXÉIDE, DRAME PROSTITUTIONICIDE ET LUXICIDE EN TROIS ÉCLATS

JOUÉ SUR TOUS LES THÉATRES DU MONDE

PRÉCÉDÉ D'UNE PRÉFACE ET SUIVI D'UN ÉPILOGUE

Avec Chœur de triomphe

ACCOMPAGNÉ DE **L'ABD-EL-KADÉRIDE**

Par M. GAGNE, Avocat

Auteur de *l'Unitéide*, du *Calvaire des rois*, du *Congrès sauveur*, du *Suicide*, de *la Monopanglotte*, ou langue universelle, du *Supplice d'un mari*, de la *Grèvéide*, de *l'Abd-el-Kadéride*, déclamée par M. GAGNE devant *Abd-el-Kader*, de *l'Archimonarque*, qui est dans le *Congrès sauveur*, ex-rédacteur en chef du *Théâtre du Monde*, de *l'Uniteur*, etc., etc., et qui met ses œuvres dans le domaine public des lettres, ce qui donne à tout le monde le droit de les faire publier !

PRIX : 25 CENTIMES

CHEZ TOUS LES LIBRAIRES, ET CHEZ L'AUTEUR, RUE TARANNE, 6

PRÉFACE

Le drame triomphant *des deux Luxes en flammes*
Détruit les luxes vils des hommes et des femmes,
Et fait régner sans fin dans ce brillant séjour
Le Soleil créateur de l'éternel amour !

Le Sénat, qu'on ne saurait trop louer de son incommensurable zèle pour toutes les demandes, a peut-être sauvé la France et le monde dans sa dernière séance du vendredi sept juillet, en rapportant avec bienveillance ma pétition relative à la proclamation de L'ARCHIMONARQUE *Messie humain*, ainsi que le constate le *grand Moniteur* du *huit juillet* 1865, page 1005, n° 97. J'espère que bientôt le monde entier et les journalistes réunis, que je bénirai, célébreront et feront triompher *l'archimonarchie de salut*. En attendant ce grand jour, les journalistes et le public s'occupent de la prostitution et du luxe effréné des femmes, dont l'illustre Sénat a été obligé de parler, et qui font triompher *l'archianarchie de la perdition !!* Ces objets scabreux présentant les plus hautes questions de salut à résoudre, je crois devoir les traiter rapidement dans cette préface et dans mon drame, afin d'indiquer la cause du mal et le remède qui peut le guérir, choses que ne font pas ordinairement les grands docteurs, qui se bornent à dire que le malade est en danger de mort et à lui donner le coup de grâce en lui faisant boire l'eau claire de l'ignorance. Pour ce qui concerne la prostitution, je soutiens que la cause de cette infernale peste est dans les lois, qui, quoi qu'en dise Montesquieu et sa sotte cabale, font toujours les mœurs, et qui tolèrent et protégent l'immoralité! Je soutiens que le remède est dans sa suppression, et, en cas de maintien, dans la punition énergique des hommes qui franchiront le seuil des enfers de la débauche.

> Pour abolir soudain la prostitution,
> Qui fait le déshonneur de toute nation,
> Il faut *châtier* fort les hommes impudiques
> Qui franchissent le seuil des lupanars cyniques!

Quant au luxe effréné des femmes, qu'a flagellé le célèbre et spirituel Dupin aîné, je soutiens que, outre l'irréligion et tous les désordres, la cause est dans le luxe effréné des hommes pour les places et mille autres objets. L'illustre monsieur Dupin, que je respecte, ne se doute pas qu'il a affiché le plus grand luxe quand il a accepté à la fois les hautes dignités de procureur général et de sénateur.

> En acceptant d'un coup deux places argentines,
> Dupin s'est tout couvert d'immenses crinolines,
> De robes, de bonnets et d'habits galonnés,
> Dont le luxe éblouit les luxes couronnés!

J'affirme par conséquent que le remède abolitioniste du luxe des femmes est dans l'abolition du luxe effréné des hommes pour les emplois, etc., et toujours en grève contre les mœurs.

> L'homme, qui fait la femme, est plus luxueux qu'elle,
> Jusque sur le cercueil il met son luxe en zèle;
> Quand l'homme abolira son grand luxe d'honneurs,
> La femme abolira son grand luxe d'ampleurs.

Je demande qu'il s'établisse partout des *sociétés protectrices des mœurs* et des *tribunaux vengeurs de la morale*, composés par les journalistes!!

> Le *Tribunal des mœurs*, fait par des journalistes,
> Punira la débauche et le luxe anarchistes!

Je crois devoir déclarer à la critique, qui me traite d'ambitieux, que mon but est seulement de cirer l'esprit du monde, crotté depuis les pieds jusqu'à la tête par le plus infernal crétinisme.

> Pour toute ambition, dans l'amour qui m'inonde,
> J'espère devenir le décrotteur du monde!

A ceux qui m'accusent d'employer des expressions comiques, je répondrai que j'emploie des termes plaisants pour faire passer les choses les plus sérieuses, tandis que d'autres font tout le contraire, ainsi que je le dis par ce quatrain :

> Je me sers quelquefois de mots très-ridicules
> Pour faire triompher les plus graves sujets;
> D'autres lancent des mots graves comme des bulles
> Pour faire triompher de ridicules faits.

En faisant protéger les mœurs par les soldats et les journalistes, je crois faire un acte sublime!

GAGNE, Avocat.

LES DEUX LUXES

LUXÉIDE, DRAME PROSTITUTIONICIDE ET LUXICIDE EN TROIS ÉCLATS

JOUÉ SUR TOUS LES THÉATRES DU MONDE

PRÉCÉDÉ D'UNE PRÉFACE ET SUIVI D'UN ÉPILOGUE

Avec chœur de triomphe

ACCOMPAGNÉ DE **L'ABD-EL-KADÉRIDE**

PERSONNAGES :

Le Général SABRETOUT, le Colonel CANON, PRESSEFORT, journaliste, Mme CRINOLA SABRETOUT, Mlle VOLENTINE SABRETOUT, fiancée du Colonel CANON, Nombreux Mariés qui ont cessé les grèves du célibat, Public, etc.

(La scène se passe partout.)

PREMIER ÉCLAT.

DE LA PEUR.

Mme CRINOLA ET Mlle VOLENTINE SABRETOUT.

VOLENTINE.

Mère, tout est perdu pour moi dans ce bas monde !
Mon père, qui toujours contre le luxe gronde,
Veut nous faire allonger nos chapeaux courts et ronds
Et faire raccourcir tous nos vêtements longs !
J'ose le déclarer dans des paroles droites,
Je préfère la mort à des robes étroites !
Sans ampleur je suis plate et laide à faire peur,
Dans l'ampleur je suis ronde et belle à faire fleur !
O ma très-chère mère, implore, prie, ordonne,
Pour faire rétracter mon cher père qui tonne ;
Pour moi la robe à flots est l'objet le plus doux ;
J'aime la crinoline encore plus qu'un époux !
Et j'aime cependant de l'amour le plus vaste,
Que couronne toujours la vertu la plus chaste,
Mon fiancé, malgré son amour sans égal
Pour son noble coursier, mon plus mortel rival,
Et qui m'a presque fait étouffer dans sa source
Mon amour, balancé par un cheval de course,
Lorsque de mes deux sœurs, pleines de soins coquets,

L'amour est détrôné par d'affreux perroquets !
Afin de lui prouver sa tendresse jalouse,
Un époux ne devrait aimer que son épouse ;
Comme pour le charmer dans un Éden fleuri,
L'épouse ne devrait aimer que son mari.
Si je ne porte plus, en formes ballonnantes,
La crinoline ainsi que les robes flottantes,
Quelle que soit la dot qu'on pourra proposer,
Jamais mon prétendu ne voudra m'épouser,
Parce que ses regards me trouveront sans charmes,
Et qu'ils verront mes yeux toujours remplis de larmes,
Et parce qu'il croira que nous avons perdu
La fortune, par qui tout cœur est confondu.
Croyant y voir briller l'argent qui se dérobe,
Tout l'amour se mesure à l'ampleur de la robe,
Et non pas à l'éclat des vertus en tourment
Que je désire avoir pour plus beau vêtement.

CRINOLA.

Ne vous alarmez pas, ma chère et noble fille,
Le plus bel ornement de toute ma famille ;
Sous la pudique ampleur des costumes diffus
Montrons toujours l'ampleur des célestes vertus ;
Nous broierons les boulets qu'en poudre fulminante
L'homme criminel tire à la femme innocente !
Mais, voici votre père avec le colonel,
Calmez-vous, respectez son tonnerre éternel ;
La fille doit toujours aimer, bénir un père
Qui souvent pour le bien fait vibrer sa colère ;
En courbant votre front sous ses paternels bruits,
Appuyez doucement mes maternels avis !

DEUXIÈME ÉCLAT.

DU BRULEMENT ET DU SALUT.

Les Mêmes, le général SABRETOUT, le colonel CANON.

LE GÉNÉRAL SABRETOUT, exalté.

Madame, il faut enfin quitter vos crinolines,
Et rétrécir partout vos robes assassines !
Il faut donner soudain aux pauvres malheureux
L'immense superflu de vos vêtements creux !
Il faut de vos chapeaux ôter toutes les plumes
Et le fer et l'acier battus sur les enclumes ;

Il faut diminuer l'ampleur et la valeur
Des costumes de qui le diable est le tailleur,
Qui font rire le peuple et tonner les saints prêtres,
Font jurer les maris, qui ne sont plus les maîtres,
Qui changent en tonneaux les plus modiques œufs,
Et qui font ressembler les grenouilles aux bœufs !
En étalant aux yeux vos costumes rebelles,
Vous imitez sans peur ces viles demoiselles
Auxquelles on donna le plus sanglant atout
Dans des discours secrets republiés partout ! !
Écoutez le bouquet d'un fier réquisitoire
Qu'il faut exécuter par un fait méritoire :
La cause, dit *Caton*, des prostitutions,
C'est le luxe effréné des femmes en rayons,
Qui, toujours, pour payer des billets en déroutes,
Font aux saintes vertus d'affreuses banqueroutes.
Voilà, dans quatre vers, le bouquet sans égal
Du fameux sénateur procureur général.
L'oracle luxicide a parlé, tout doit faire
Ce qu'avec droit prescrit sa bouche octogénaire !
Assez et trop longtemps je supporte un état
Qui me ruine à fond par son pompeux éclat,
Qui répand la folie, excite le scandale,
Et qui dans ses ampleurs étouffe la morale,
Que je veux désormais mettre à l'ordre du jour
Dans l'armée, où je veux que règne un saint amour.
Il faut, par conséquent, que, dès cet instant même,
Ma fille et vous quittiez votre luxe suprême,
Qui me fait voir en vous, dans l'accord le plus fol,
Les tours de Malakoff et de Sébastopol !
Si le noir gonflement des robes féminines
Qui remplissent de poufs les armoires chagrines
Continue à grossir, je le dis sans façons,
Les robes serviront de fastueux ballons.
L'*archiluxe*, régnant comme un *archimonarque*,
Vous fait complétement singer avec leur marque
Ces *demoiselles d'or* que *saint Paul* appelait
Femmelettes, en proie au péché le plus laid !
C'en est trop, *Sabretout*, comme César en tombe
Ne veut pas qu'un soupçon sur sa femme retombe,
Je vous défends, madame, en accent foudroyant,
De paraître à mes yeux dans ce luxe effrayant !

CRINOLA, *à Sabretout.*

J'écoute, général, vos censures sévères,
Quoique vous les lanciez à longs coups de tonnerres,
Sans indiquer ni cause et ni remède au mal,
Que vous me signalez comme un docteur fatal !
Veuillez, à votre tour, écouter sans contrainte
Mon fier réquisitoire, exempt de toute crainte,
Et même les arrêts dont mon juste courroux
Ose frapper, sans peur, pour repousser les coups,
Les hommes toujours prêts à condamner les femmes,
Surtout lorsqu'ils sont plus couverts de torts infâmes !
Je soutiens hautement que les hommes trompeurs
Ont plus de luxe affreux que les femmes en pleurs !
Vous croyez que le luxe est tout dans les parures
Qui couvrent bien souvent les femmes les plus pures !
Vous êtes dans l'erreur, les luxes révoltants
Ne trônent pas en rois dans les habits flottants ;
Les luxes effrénés sont dans les sombres vices,
Dans les ambitions et dans les injustices ;
Les luxes effrénés sont aux plus hauts degrés
Dans l'âme et dans le cœur des hommes tout tarés !
Les luxes effrénés sont vos amours des nippes,
Des jeux et des chevaux, des flacons et des pipes,
Et de tout vice impur que d'un ton orgueilleux
Les hommes, en fumant, étalent à nos yeux !
Voilà, croyez-le bien, les luxes sans limites
Et toujours criminels des hommes hypocrites
Qui causent constamment les luxes sans répit,
Et souvent innocents, des femmes qu'on flétrit !
Oui, la cause du luxe ardent des femmes vaines,
C'est le luxe effréné des hommes pleins de chaînes.
Quand vous laissez la femme avec un sot mépris,
Seule dans sa maison ainsi qu'un vil débris,
Pour tuer ses chagrins, la femme est obligée
De contempler ses pleurs dans sa glace affligée,
Et de couvrir d'éclat et sa taille et son front,
Pour réparer du mal l'irréparable affront,
Et souvent pour pouvoir ramener auprès d'elle
Les milans qui fuyaient la tendre tourterelle,
Et dans ces cas, au lieu d'être un fait criminel
Que doivent censurer et la terre et le ciel,

Le luxe de la femme est une vertu mère,
La vertu de la femme est de saintement plaire !
Le remède puissant, pour promptement guérir
Les luxes dégradants des hommes d'avenir,
C'est une forte loi qui les frappe sans cesse
Jusqu'à leur doux retour à la sainte sagesse !
Quand, foulant à leurs pieds les vices abattus,
Tous les hommes auront le luxe des vertus,
Les femmes aux cœurs purs adopteront sans feinte
Le luxe vertueux de la chasteté sainte.
Quand les hommes, chassant tous les luxes hardis,
Auront la politesse et les amours bénis,
En célébrant sans fin leurs divines victoires,
Les femmes béniront les hommes pleins de gloires
Et n'auront pas besoin des costumes pompeux
Qui répugnent toujours aux amours généreux.
Pour la femme qui porte au front tout diadème,
Conquérir par le cœur c'est la gloire suprême.
Le luxe est un forfait contre la chasteté,
La vertu la plus sainte avec la charité ;
Pour parfumer d'encens l'amour qui la domine,
La femme doit montrer la chasteté divine !

LE GÉNÉRAL SABRETOUT.

J'écoute en frémissant votre discours hautain
Qui lance la mitraille au sexe masculin ;
Ainsi donc, selon vous, plein d'un luxe sans pôle,
L'homme est prostitué plus que la femme folle.
Comme un chien enragé plein d'un mortel virus,
L'homme porte partout le *choléra morbus*.
Et si l'homme observait des vertus sans mélanges,
La femme brillerait de la splendeur des anges !

CRINOLA.

Oui, je soutiens ces faits, et malgré Montesquieu,
Les lois font toutes mœurs en tout temps et tout lieu !
L'homme fait bien souvent la femme à son image ;
L'homme sage parfume et fait la femme sage !
La femme est une esclave en proie aux libertés
Qui couronnent son corps de fards illimités !
Donnez-lui, pour le bien, les libertés sublimes,
Et ne l'attachez plus aux chaînes de vos crimes !

LE GÉNÉRAL.

Quel est donc, s'il vous plaît, le luxe capital
Que vous me reprochez dans ce moment fatal ?

CRINOLA.

Vous, vous avez le luxe affreux du tabac rare,
Votre femme n'est rien devant votre cigare !
C'est pour vous plaire, ingrat, que j'étale souvent
Un luxe qui vous fait jeter la flamme au vent ;
Sans ma toilette, à qui vous lancez votre foudre,
Vous auriez déjà fui votre toit mis en poudre !

VOLENTINE.

Monsieur le colonel préfère son coursier
A moi sa fiancée, ainsi qu'au monde entier.

LE COLONEL.

Vous me calomniez, ma chère fiancée ;
Croyez bien que toujours d'une flamme élancée
Je ferai resplendir dans l'hymen éternel
L'amour dont le soleil fait la lune de miel !

LE GÉNÉRAL SABRETOUT.

Vous voulez que j'immole à votre luxe impie
Un cigare sacré qui fait toute ma vie ?
Jamais ! sachez que, tant que Sabretout vivra,
A sa bouche de feu le tabac fumera !

CRINOLA.

Vous juriez de m'en faire un brillant sacrifice
Au moment où l'hymen vous dictait le supplice.

LE GÉNÉRAL.

L'homme est un imbécile au moment de l'hymen,
A la femme qui veut le diable il dit *amen !*
L'homme n'a sa raison qu'après le mariage,
A qui je n'offre pas mon cigare en hommage !
Nous allons consulter le colonel *Canon*
Pour savoir qui de nous a perdu la raison.
Voyons, cher colonel, dites, sans terme vague,
Si vous ne pensez pas que ma femme divague !
Répondez franchement, croyez que, sans leçon,
Je suivrai votre avis, si je le trouve bon !

VOLENTINE.

Monsieur le colonel pense comme ma mère !

LE GÉNÉRAL SABRETOUT.

Silence, Volentine ! apprenez à vous taire.

LE COLONEL CANON, *embarrassé.*

Je m'en vais vous parler sur un ton filial ;
Je fus de votre avis, monsieur le général,
J'approuve cependant l'opinion morale
Que, sans la battre, émet l'illustre générale.
Il est très-évident que, bravant toutes lois,
Les hommes ont le luxe effréné des emplois
Et de mille autres faits d'un scandaleux délire
Qu'*Achille* sans horreur ne pourrait pas redire.
Oui, mon cher général, en tout je le soutiens,
L'homme, plus que la femme, a des luxes païens !
Je crois d'ailleurs qu'en France, à qui tout doit la pomme,
La femme sainte doit avoir les droits de l'homme,
Et réciproquement, devant le monde et Dieu,
L'homme doit, à son tour, mettre le pot au feu !
Prendre la crinoline, et la robe, et capote,
Quand la femme prendra la veste et la culotte.
Voilà le seul moyen d'avoir l'égalité
Et d'éteindre le luxe en pleine liberté !
Une Française n'est au-dessus d'une Turque,
Qui pour plaire à l'époux en tout sens se bifurque,
Que par droit de montrer sa figure au public
Et de courir la rue au milieu du trafic.
Pour le reste, ma foi, je le dis en furie,
La femme, en France, n'a rien de plus qu'en Turquie.
La femme doit pouvoir devenir sénateur,
Député, conseiller et tout, même empereur !

LE GÉNÉRAL SABRETOUT, *l'interrompant.*

Détestable flatteur, présent le plus grotesque
Que puisse faire au sexe un amour pédantesque ;
Mais hier vous étiez de mon avis profond,
Et vous êtes venu pour l'approuver à fond.

LE COLONEL.

Je n'avais pas encore entendu la harangue
Que madame prononce en éloquente langue ;

Cicéron, ni le grand Démosthène sans peur,
Ne parleraient pas mieux.

LE GÉNÉRÀL.

Paix, ô Canon menteur !
Ne m'étourdissez plus par votre flatterie !

VOLENTINE.

Bravo , mon fiancé !

LE GÉNÉRAL.

Silence, affreuse pie !
Ainsi donc , c'en est fait, mon avis est sans loi ,
Madame est aujourd'hui le général.

VOLENTINE , *à part.*

Ou moi !

LE GÉNÉRAL.

Silence, Volentine ! Ah ! d'un accès de rage,
En rompant tous les nœuds d'un fatal mariage,
De mon cigare ardent j'allume vos ballons ,
Je vous fais toutes deux brûler dans les frissons !
Tout va voir à l'instant des supplices de femmes,
Dont n'ont jamais joui les théâtres en flammes,
Et qui rempliront tout d'un tableau sans pareil
Dont frémiront d'horreur la lune et le soleil !
C'en est fait, je vous brûle, et je vous sacrifie
A l'illustre Caton qui me met en furie ;
Je suis persuadé que ces dignes présents
Donneront la jeunesse à ses quatre-vingts ans !
Allons, brûlez, brûlez, ô femmes incurables,
Dont les luxes sans frein sont tous imperméables !
Ah ! dans ce jour brûlant, pour l'envoyer aux cieux,
Je voudrais enflammer tout le sexe soyeux !

VOLENTINE ET SA MÈRE.

Au secours ! sauvez-nous, fuyons par la fenêtre !

LE COLONEL , *arrêtant le général.*

Général, vous allez un peu trop loin , peut-être !

LE GÉNÉRAL.

Je ne vais pas trop loin ; l'homme peut enflammer
Le sexe qui l'enflamme en le faisant fumer !
Fuyez, hideux Canon !... les canons à mitraille

Demain vous étendront sur le champ de bataille !...
Mais je me trouve mal !... O mortelle fureur !
Pardon, pardon, grand Dieu, si j'ai fait une erreur !

VOLENTINE ET SA MÈRE.

O mon père ! sauvez le père que j'embrasse,
A qui mon repentir pour tous demande grâce !
Pardon, pardon, mon père ; avec célérité,
Je sacrifierai tout à votre volonté !

LE GÉNÉRAL, *revenant.*

O ma fille ! ô ma femme ! éloignez vos alarmes,
Et sur mon noir trépas ne versez point de larmes,
Malgré le coup de sang dont le brûlant transport
M'a, sous vos yeux en pleurs, fait tomber raide mort.
Sabretout vit encore et revient à la vie !
Et je sens fuir au loin ma triste frénésie...
Pardon, je ne veux plus vous brûler désormais ;
Puisque vous le voulez, pour vous donner la paix ,
Au lieu de vous lancer l'anathème farouche,
Pour voir si la raison parle par votre bouche,
Je m'en vais ordonner à tous mes fiers soldats,
Qui se donnent toujours des luxes pleins d'ébats,
De suspendre soudain leurs jeux et leurs fredaines,
De changer les méfaits en vertus souveraines,
De casser leurs billards, leurs pipes, leurs échecs,
Et de laisser enfin tous les vices à secs !
Afin de bien donner la leçon et l'exemple,
Devant vous et devant le Dieu qui nous contemple,
Je fais un sacrifice immense, et le plus saint :
Je foule mon cigare à mon pied, qui l'éteint !
Je ferai fusiller comme des traîtres sombres
Tous ceux qui manqueront à mes ordres sans ombres ;
Et si jamais je manque à l'ordre foudroyé,
Je me fusillerai moi−même sans pitié ! !
Par les fameux guerriers et par les journalistes,
Qui peut-être ont montré les luxes les plus tristes,
Je veux faire établir *des tribunaux vengeurs*
Et des sociétés protectrices des mœurs !

CRINOLA.

Ah ! pour bien couronner votre saint sacrifice,
Qu'inspire à votre amour l'éternelle justice,

Souffrez que je bénisse, en tombant à genoux,
Le plus grand des héros et le plus noble époux !
Je vous promets, ainsi que votre fille aimée,
Qui par l'amitié sainte est toujours animée,
De vous sacrifier nos costumes mondains,
Afin de célébrer des triomphes certains.
J'en suis persuadée, opérant des miracles,
Vos généreux soldats, par les plus beaux spectacles,
En réprimant leur luxe effréné d'impurs faits,
Deviendront des vertus les modèles parfaits !
Leurs exemples sacrés, offerts à tout le monde,
Feront tomber soudain le luxe, qui l'inonde.
L'espérance, la foi, la saine instruction,
La charité céleste et la religion,
Étoufferont sans fin dans leurs rouges fournaises
Les deux luxes qui font leurs vils quatre-vingt-treizes ;
Ils guillotinent tous les peuples et les rois,
En les chargeant de fers, de chaînes et de croix !
En offrant à Satan les chastetés divines,
Les luxes sont les plus affreuses guillotines.
Les luxes, en un mot, font toutes les terreurs,
Et sont du monde entier les plus vils massacreurs !

LE COLONEL.

Je jure, général, que je suivrai sans cesse
Votre arrêt inspiré par la haute sagesse,
Afin de mériter votre estime et la main
De votre noble fille, en qui luit mon destin !
Tous vos soldats et moi, chassant un feu profane,
Nous avons reconnu que l'homme était un âne
Qui censurait un luxe acheté par son or,
Qu'il jetait sur le dos des filles sans essor.

LE GÉNÉRAL.

Pour vous récompenser d'un serment magnifique
Qu'imitera, j'espère, une armée héroïque,
Je veux, dès aujourd'hui, par l'hymen vous unir
A ma fille, qui doit charmer notre avenir.
Je commence à comprendre, à ce dernier quart d'heure,
Que le luxe, dans qui le monde rit et pleure,
Pourrait bien découler des infidélités
Des hommes dépourvus d'amour, de piétés.

Et que si j'avais plus aimé ma femme chère,
Elle aurait moins montré de luxe et de colère.

CRINOLA.

O grand Dieu! bénissez des arrêts éclatants
D'où dépend le salut de ces coupables temps!
Et faites que l'époux, que votre gloire inspire,
Fasse éclater partout le plus puissant empire!

LE GÉNÉRAL.

Allons tous célébrer par de brillants banquets
L'arrêt que Dieu bénit dans les cieux satisfaits!

La toile tombe.

TROISIÈME ÉCLAT.

ÉPILOGUE DE TRIOMPHE.

PRESSEFORT, SABRETOUT, AVEC SA FAMILLE ET PLUSIEURS JEUNES MARIÉS, ETC.

PRESSEFORT.

Les journalistes forts ont d'une ardeur féconde
Brûlé la crinoline infernale du monde!
Hommes, femmes, enfants, par des chants glorieux,
Célébrez du bonheur les faits victorieux!
Avec les lupanars que la débauche englobe,
Les luxes effrénés disparaissent du globe.
Les arrêts que j'ai pris en fulgurants éclats,
Afin de réprimer les vices en combats,
Ont ponctuellement reçu l'obéissance,
Et sont exécutés avec pleine puissance.
Dans l'armée, où régnaient mille luxes flagrants,
On n'a fait fusiller que dix récalcitrants;
Les journalistes rois, les héros de la plume,
Font briller des vertus le phare qui s'allume!
Nous avons remporté le triomphe divin
Que ne peut égaler aucun triomphe humain.
En immolant sans peur sa passion extrême,
L'homme se crucifie et devient Dieu suprême.
Notre triomphe ardent sur tout luxe effréné
Est l'Austertitz divin de l'amour couronné.
Avec les hommes forts, sur les bûchers en fêtes
Les femmes ont brûlé leurs luxes de toilettes!

Comme un soleil d'or pur illuminant Paris,
L'amour change l'enfer en brillant paradis !
Mille filles en pleurs s'étaient mises en grèves
Contre les jeunes gens pleins de vices sans trêves,
Et, par de hauts élans dignes des grands héros,
Refusaient de l'hymen les suaves flambeaux.
Avec ces jeunes gens pleins de vertus bénies
Le mariage heureux les a toutes unies.
Avec les prêtres saints j'ai béni les époux,
Qu'ont réunis chez moi les banquets les plus doux,
Et je vous les présente au milieu d'une extase
Que n'égala jamais la gloire qui m'embrase,
Même en me faisant voir sur les plus brillants chars,
Les victoires en chœur des plus fameux Césars !
Sans doute ce sont là d'ineffables spectacles
Dont tout doit à jamais célébrer les miracles,
Qui jusque dans les cieux relèvent sans retour
La pyramide d'or du plus splendide amour !
Peuples, en étouffant les luxes, fils du crime,
Chantons la royauté de l'amour légitime
Qui, sous l'humble manteau des vertus et des lois,
Guide au port de salut les peuples et les rois !

CHANT ET CHŒUR DE TRIOMPHE

Jeunes époux, que l'amour sans nuages,
En détrônant les luxes, vils tyrans
Qui nous livraient à des grèves sauvages,
Fait palpiter des plus joyeux élans,
Chantez, chantez, par des chœurs unanimes,
Le vrai bonheur dont vous faites la cour.

CHOEUR.

En détrônant les luxes pleins de crimes,
Changeons en ciel le terrestre séjour !

Pour protéger la morale bénie,
Formons des mœurs l'ample société
Qui, répandant la divine harmonie,
Fera régner la plus douce unité.
Créons des mœurs les tribunaux sublimes
Qui puniront toute insulte à l'amour !

En détrônant les luxes pleins de crimes,
Changeons en ciel le terrestre séjour !

Pour couronner des feux les plus splendides
Notre triomphe immense et merveilleux,
Du pur hymen dressons les pyramides
Jusqu'aux sommets resplendissants des cieux !
Brûlons surtout des vertus magnanimes
Et de la foi qui s'éteint chaque jour !

En détrônant les luxes pleins de crimes,
Changeons le monde en céleste séjour !

FIN DU DRAME.

L'ABD-EL-KADÉRIDE

(EXTRAIT.)

Poésie déclamée, en partie, devant l'illustre ABD-EL-KADER

PAR M. GAGNE.

Salut, héros, sultan qu'Allah toujours inspire,
Qu'avec de doux transports le monde entier admire,
Et que couronne en chœur d'éclats et de bravos
La France, qui partout célèbre les héros.
Salut et gloire à toi, qui d'une ardeur bénie
Défendis en chrétien les chrétiens de Syrie,
Forças la France entière, avec tes saints bienfaits,
A placer sur ton cœur la croix d'un grand Français,
Et forças Jésus-Christ, que tout amour domine,
A poser sur ton front la couronne divine.
Je m'incline devant le fils de Mahomet,
Et qui s'est montré fils du Christ qui l'enflammait !
Magnanime chérif descendant du prophète,
Tu fis *parler la poudre* au bruit de la tempête,
Et fais parler l'amour à Napoléon Trois,
Le César de la paix et le seigneur des rois,
Quand tu dis noblement devant ton Dieu lui-même
Qui dicte la grandeur de ton serment suprême :
Que les divins bienfaits sont des liens vainqueurs
Passés autour du cou des hommes de grands cœurs !
Illustre Abd-el-Kader, dont la reconnaissance
Du don libérateur égale la puissance,
Avec l'orgue éclatant de Paris glorieux
Permets-moi de chanter ton retour merveilleux,
Et que couronnera d'une gloire éternelle
Le Dieu qui fait de toi son messager fidèle,

Le Dieu qui ne veut plus de criminels combats,
Frappant le monde en pleurs des plus sanglants combats,
Qui combat par le glaive expire par le glaive,
Dit le Dieu trois fois saint devant qui tout se lève,
Tandis que, dans la nuit semant le plus beau jour,
Qui combat par l'amour revit avec l'amour !
Assez et trop longtemps l'infernale folie,
Au son de ses grelots guida le monde impie ;
Il faut enfin unir par une sainte loi
Les âmes et les cœurs dans une même foi !
Assez et trop longtemps, sur le globe en épaves,
Les volcans de la haine ont fulminé leurs laves.
Unissons, s'il se peut, la Bible et le Coran,
La croix et le croissant que divise Satan.
Renversons les babels de nos cent mille langues
Qui ne nous laissent pas comprendre nos harangues ;
Unissant en un seul nos efforts souverains,
Forçons à s'embrasser tous les pôles humains !
Apôtre universel du monde qui chancelle,
Saisis avec transport la lyre universelle ;
Après avoir chassé l'ange exterminateur,
Deviens du monde entier l'ange libérateur.
Demande avec amour les libertés divines
Des femmes que partout on couronne d'épines,
Et que Dieu donne à l'homme avec égalité
Pour vivre dans l'amour et dans la liberté !
Aux femmes du sérail ouvre toutes les portes,
Des luxes effrénés éloigne les cohortes ;
Pour que les saintes mœurs guident le monde au port,
La femme doit avoir les droits de l'homme fort !
Faisons de l'unité les lois génératrices
Qui sont du Tout-Puissant les lois inspiratrices,
Et bientôt des tombeaux du malheur qui s'enfuit
Surgiront les soleils du bonheur qui reluit.
Déjà dans les congrès des saintes harmonies,
Appelant peuples, rois, apôtres et messies,
Le grand marteau des temps, pour tous nous réunir,
Sonne à coups redoublés l'heure de l'avenir !
Suivons tous l'unité qui doit sauver la terre,
Sur l'autel de l'amour sacrifions la guerre ;
Dans le parfum des chants d'un concert immortel
Portons la paix céleste au trône universel.

FIN.

1594. — Paris, imprimerie Jouaust, rue Saint-Honoré, 338.